Impressum
Verlag: BABADADA GmbH, Nedderfeld 112 , 22529 Hamburg
Geschäftsführer / Verlagsleitung: Harald Hof
Druck: Books on Demand GmbH, In de Tarpen 42, 22848 Norderstedt

Imprint
Publisher: BABADADA GmbH, Nedderfeld 112 , 22529 Hamburg, Germany
Managing Director / Publishing direction: Harald Hof
Print: Books on Demand GmbH, In de Tarpen 42, 22848 Norderstedt, Germany

школа
skola

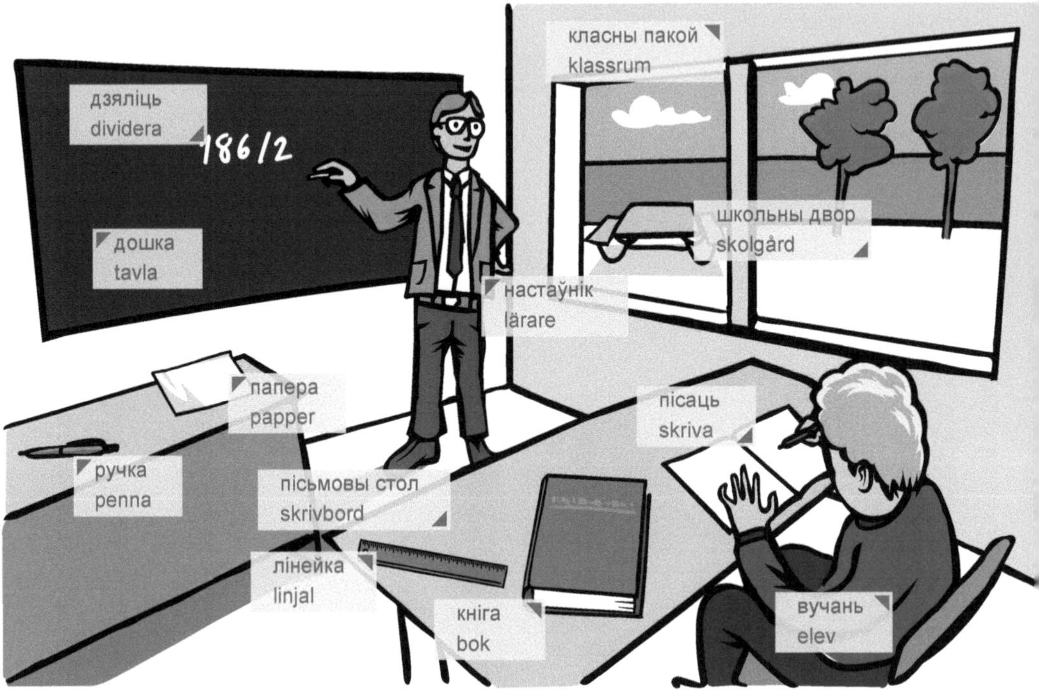

класны пакой
klassrum
дзяліць
dividera
186/2
дошка
tavla
школьны двор
skolgård
настаўнік
lärare
папера
papper
пісаць
skriva
ручка
penna
пісьмовы стол
skrivbord
лінейка
linjal
кніга
bok
вучань
elev

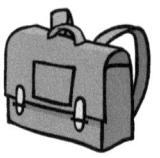

ранец
skolväska

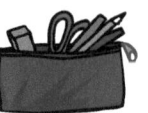

пенал
pennfodral

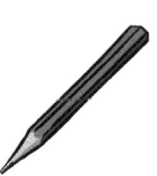

просты аловак
blyertspenna

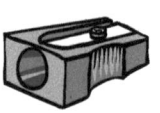

тачылка для алоўкаў
pennvässare

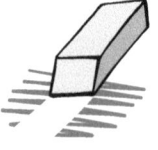

гумка
suddgummi

альбом для малявання
ritblock

малюнак

teckning

пэндзлік

pensel

фарбы

målarlåda

нажніцы

sax

клей

lim

сшытак

övningsbok

хатняе заданне

hemläxa

12

лік

tal

2+2

дадаваць

addera

5-2

адымаць

subtrahera

2×2

множыць

multiplicera

лічыць

räkna

A

літара

bokstav

ABCDEFG HIJKLMN OPQRSTU VWXYZ

алфавіт

alfabet

hello

слова

ord

тэкст

text

чытаць

läsa

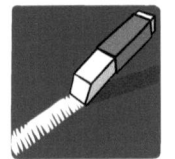

крэйда

krita

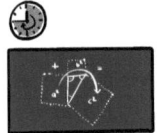

ўрок

lektion

класны журнал

register

экзамен

prov

атэстат

intyg

школьная форма

skoluniform

адукацыя

utbildning

энцыклапедыя

uppslagsverk

універсітэт

universitet

мікраскоп

mikroskop

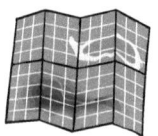

карта

karta

смеццевы кошык

papperskorg

падарожжа

resa

гатэль
hotell
хостэл
vandrarhem
ROOMS
EXCHANGE
абменны пункт
växelkontor
чамадан
resväska
аўтамабіль
bil

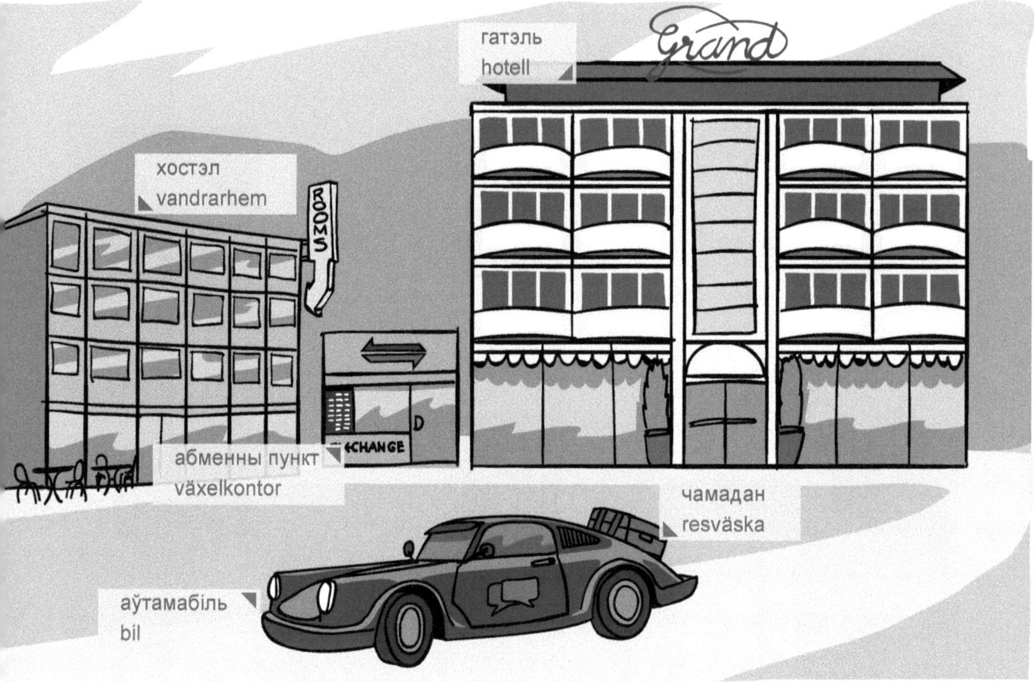

мова

språk

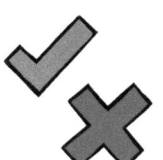

так / не

ja / nej

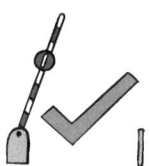

добра

Okay

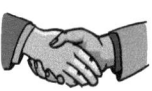

прывітанне!

hej

перакладчык

översättare

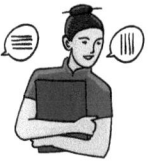

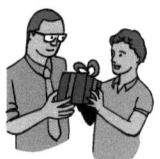

дзякуй

Tack

Колькі каштуе....?

hur mycket kostar...?

я не разумею

jag förstår inte

праблема

problem

Добры вечар!

God kväll!

Добрай раніцы!

God morgon!

Дабранач!

God natt!

да пабачэння

hejdå

кірунак

riktning

багаж

bagage

сумка

väska

заплечнік

ryggsäck

госць

gäst

пакой

rum

спальны мяшок

sovsäck

палатка

tält

інфармацыя для турыстаў

turistinformation

пляж

strand

крэдытная картка

kreditkort

снеданне

frukost

абед

lunch

вячэра

middag

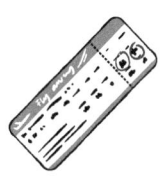

праязны білет

biljett

ліфт

hiss

паштовая марка

frimärke

мяжа

gräns

мытня

tull

пасольства

ambassad

віза

visum

пашпарт

pass

транспарт

transport

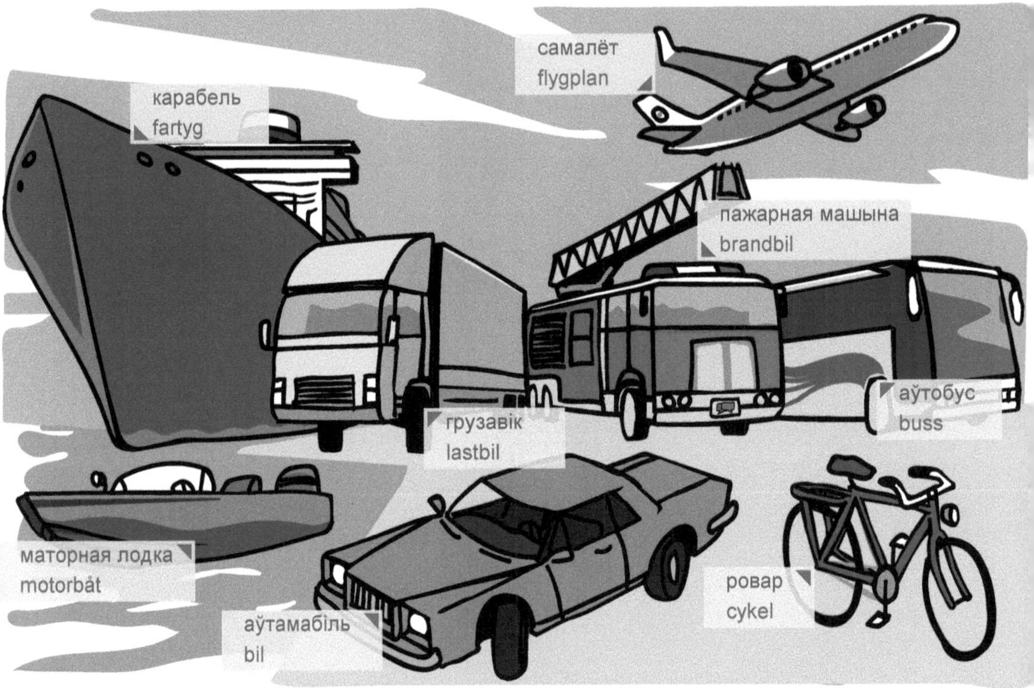
самалёт
flygplan
карабель
fartyg
пажарная машына
brandbil
аўтобус
buss
грузавік
lastbil
маторная лодка
motorbåt
ровар
cykel
аўтамабіль
bil

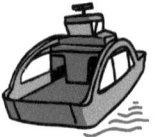

паром

färja

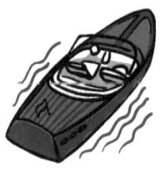

лодка

båt

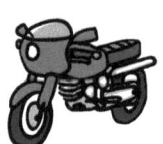

матацыкл

motorcykel

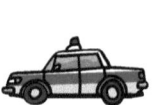

паліцэйская машына

polisbil

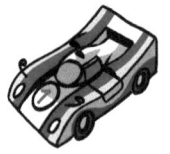

гоначны аўтамабіль

racerbil

арэндаваны аўтамабіль

hyrbil

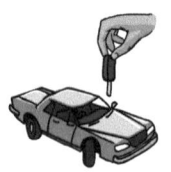

сумеснае карыстанне
аўтамабілем

bilpool

эвакуатар

bärgningsbil

смеццявоз

sopbil

матор

motor

паліва

bränsle

запраўка

bensinstation

дарожны знак

vägmärke

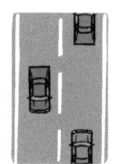

дарожны рух

trafik

затор

bilkö

паркоўка

parkeringsplats

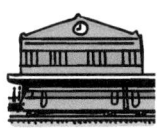

чыгуначная станцыя

tågstation

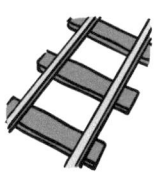

рэйкі

räls

цягнік

tåg

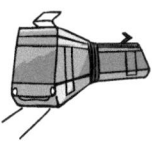

трамвай

spårvagn

вагон

vagn

верталёт

helikopter

аэрапорт

flygplats

вежа

torn

пасажыр

passagerare

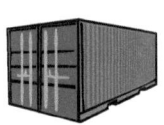

кантэйнер

container

кардонная скрыня

kartong

тачка

vagn

карзіна

korg

ўзлятаць / прызямляцца

starta / landa

горад

stad

вёска

by

цэнтр горада

centrum

дом

hus

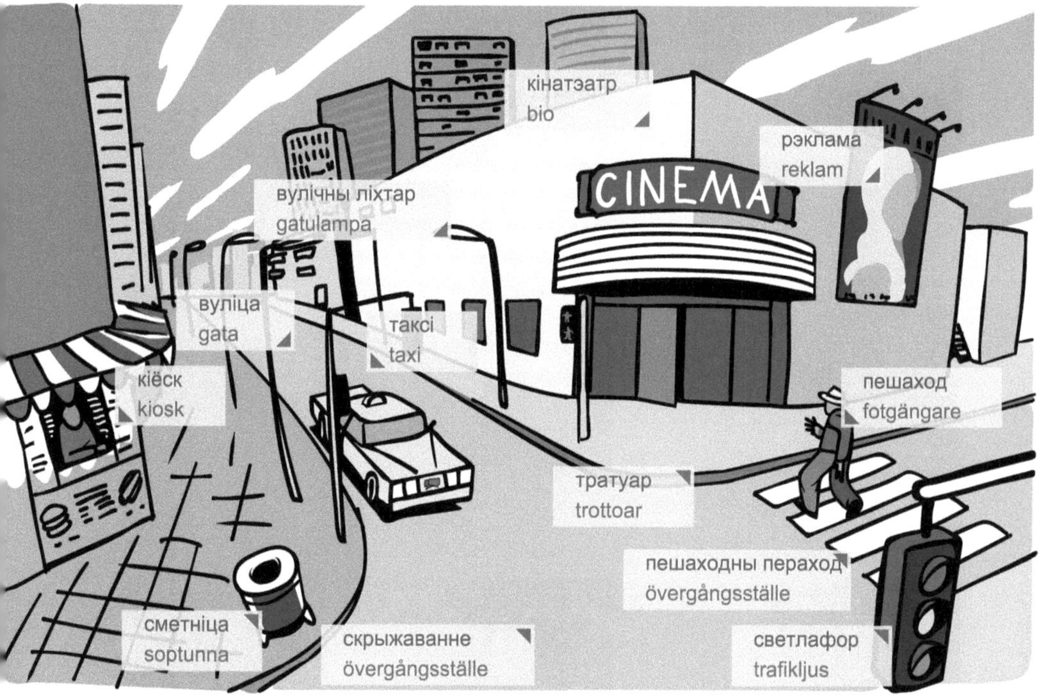

CINEMA
кінатэатр
bio
рэклама
reklam
вулічны ліхтар
gatulampa
вуліца
gata
таксі
taxi
кіёск
kiosk
пешаход
fotgängare
тратуар
trottoar
пешаходны пераход
övergångsställe
сметніца
soptunna
скрыжаванне
övergångsställe
светлафор
trafikljus

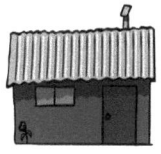

халупа

stuga

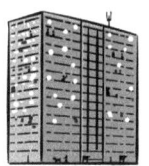

кватэра

lägenhet

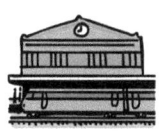

чыгуначная станцыя

tågstation

ратуша

stadshus

MUSEUM

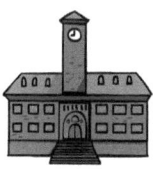

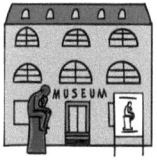

музей

museum

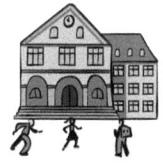

школа

skola

універсітэт

universitet

банк

bank

шпіталь

sjukhus

гатэль

hotell

аптэка

apotek

офіс

kontor

кнігарня

bokhandel

крама

affär

кветкавая крама

blomsterbutik

супермаркет

stormarknad

кірмаш

marknad

універмаг

varuhus

рыбная крама

fiskhandlare

гандлевы цэнтр

köpcentrum

порт

hamn

парк
park

лава
bänk

мост
brygga

лесвіца
trappa

метро
tunnelbana

тунэль
tunnel

прыпынак
busshållplats

бар
bar

рэстаран
restaurang

паштовая скрыня
brevlåda

вулічны паказальнік
gatuskylt

паркамат
parkeringsautomat

заапарк
zoo

басейн
simbassäng

мячэць
moské

сядзіба

bondgård

забруджванне
навакольнага асяроддзя

förorening

могілкі

kyrkogård

царква

kyrka

пляцоўка для гульні

lekplats

храм

tempel

краявід
landskap

ліст
löv

паказальнік
vägskylt

дарога
väg

луг
äng

камень
sten

дрэва
träd

падарожнік
liftare

рака
flod

трава
gräs

кветка
blomma

даліна

dal

гара

kulle

возера

sjö

лес

skog

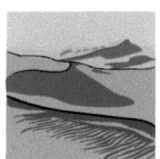

пустыня

öken

вулкан

vulkan

замак

slott

вясёлка

regnbåge

грыб

svamp

пальма

palm

камар

mygga

муха

fluga

мурашка

myra

пчала

bi

павук

spindel

жук

skalbagge

жаба

groda

вавёрка

ekorre

вожык

igelkott

заяц

hare

сава

uggla

птушка

fågel

лебедзь

svan

дзік

vildsvin

алень

rådjur

лось

älg

плаціна

damm

вятрак

vindkraftverk

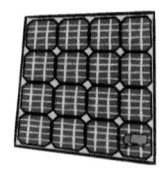

сонечная батарэя

solcellspanel

клімат

klimat

рэстаран
restaurang

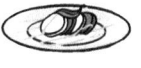

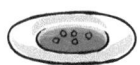

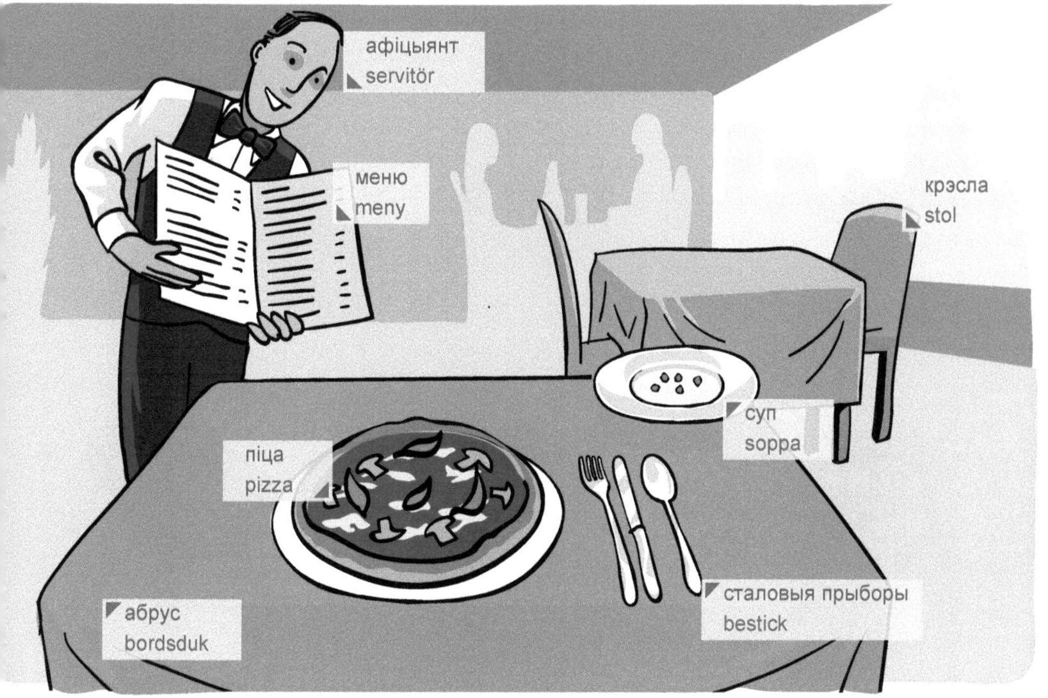
афіцыянт
servitör
меню
meny
крэсла
stol
суп
soppa
піца
pizza
сталовыя прыборы
bestick
абрус
bordsduk

закуска

förrätt

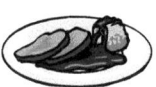

другая страва

huvudrätt

дэсерт

dessert

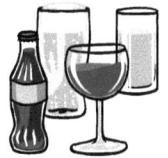

напоі

drycker

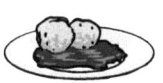

ежа

mat

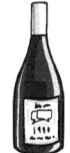

бутэлька

flaska

хуткае харчаванне (фаст-фуд)

snabbmat

стрыт-фуд

street food

імбрык (чайнік)

tekanna

цукарніца

sockerskål

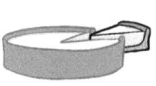

порцыя

portion

эспрэса-машына

espressomaskin

дзіцячае крэселка

barnstol

рахунак

räkning

паднос

bricka

нож

kniv

відэлец

gaffel

лыжка

sked

чайная лыжка

tesked

сурвэтка

servett

шклянка

glas

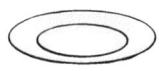

талерка

tallrik

супавая талерка

sopptallrik

сподак

tefat

соус

sås

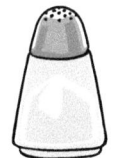

сальніца

saltkar

млынок для перцу

pepparkvarn

воцат

vinäger

алей

olja

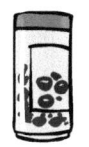

спецыі

kryddor

кетчуп

ketchup

гарчыца

senap

маянэз

majonnäs

супермаркет
stormarknad

акцыя
specialerbjudande
FOR
пакупнік
kund
малочныя прадукты
mejeriprodukter
садавіна
frukt
вазок
varukorg

BUTCHERS

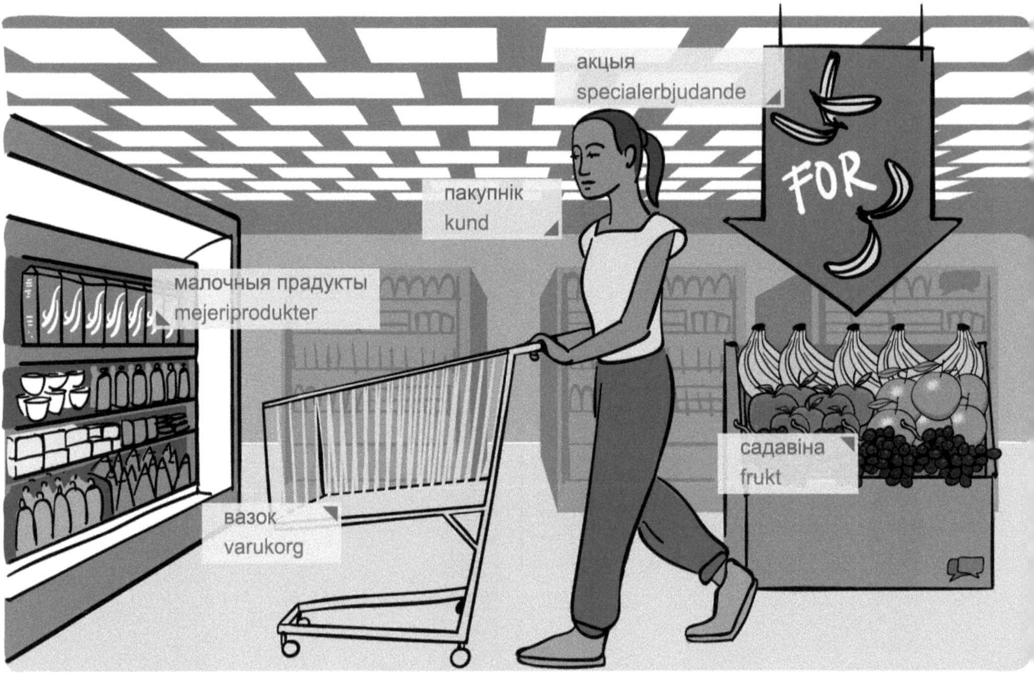

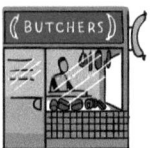

мясная крама

charkuteri

BAKERY

хлебны магазін

bageri

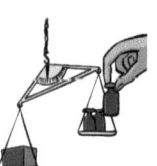

важыць

väga

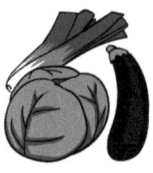

гароднiна

grönsaker

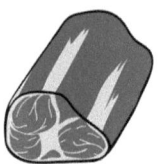

мяса

kött

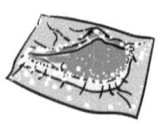

свежазамарожаныя прадукты

frysta livsmedel

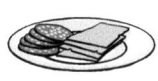

нарэзка

pålägg

кансервы

konserver

пральны парашок

tvättmedel

прысмакі

godis

хатнія прылады

hushållsprodukter

чысцячы сродак

rengöringsmedel

прадавец

försäljare

каса

kassa

касір

kassör

спіс пакупак

inköpslista

гадзіны працы

öppettider

бумажнік

plånbok

крэдытная картка

kreditkort

сумка

väska

пакет

plastpåse

вада

vatten

сок

juice

малако

mjölk

кола

cola

віно

vin

піва

öl

алкаголь

alkohol

какава

kakao

гарбата (чай)

te

кава

kaffe

эспрэса

espresso

капучына

cappuccino

банан

banan

яблык

äpple

апельсін

apelsin

дыня

melon

лімон

citron

морква

morot

часнок

vitlök

бамбук

bambu

цыбуля

lök

грыб

svamp

арэхі

nötter

локшына

nudlar

спагеці

spaghetti

рыс

ris

салата

sallad

бульба фры

pommes frites

смажаная бульба

stekt potatis

піца

pizza

гамбургер

hamburgare

бутэрброд

smörgås

шніцаль

schnitzel

вяндліна

skinka

салямі

salami

каўбаса

korv

курыца

kyckling

смажаніна

stek

рыбак

fisk

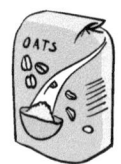

аўсяныя камякі

havregryn

мюслі

müsli

кукурузныя шматкі

cornflakes

мука

mjöl

круасан

croissant

булачка

fralla

хлеб

bröd

тост

rostat bröd

пячэнне

kex

масла

smör

тварог

kvarg

пірог

kaka

яйка

ägg

яечня

stekt ägg

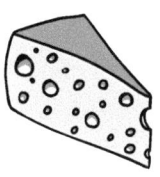

сыр

ost

ежа - mat

марожанае

glass

цукар

socker

мёд

honung

варэнне

sylt

нуга

nougatkräm

кары

curry

ежа - mat

сядзіба

bondgård

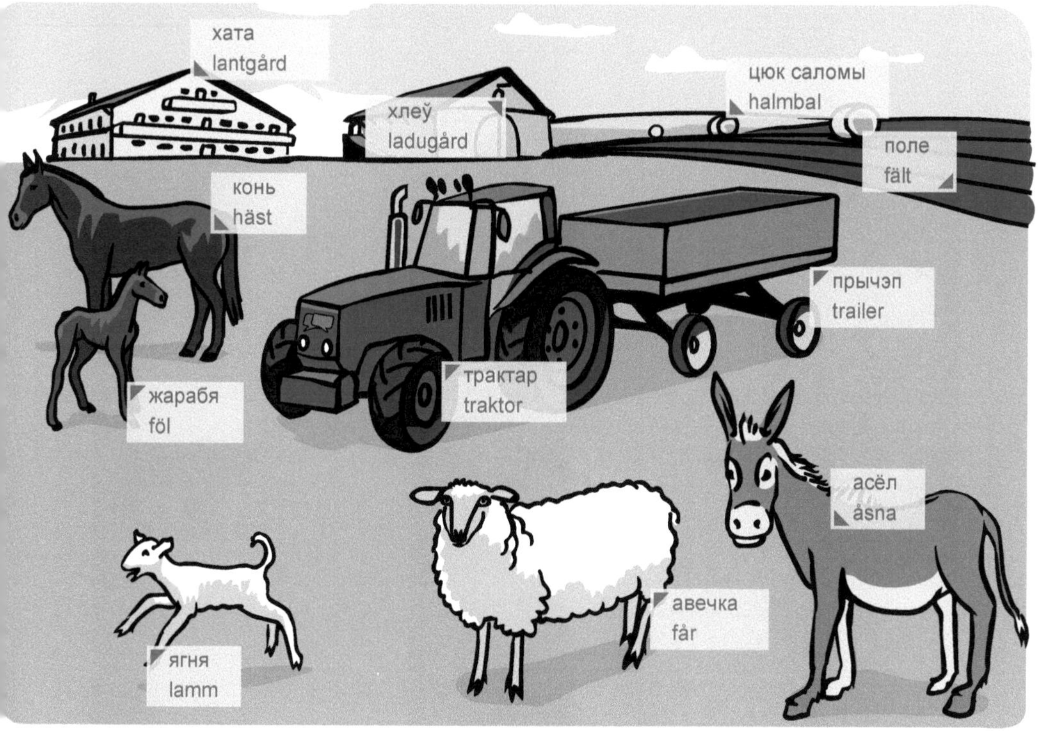

хата
lantgård
хлеў
ladugård
цюк саломы
halmbal
поле
fält
конь
häst
прычэп
trailer
трактар
traktor
жарабя
föl
асёл
åsna
авечка
får
ягня
lamm

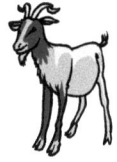

каза

get

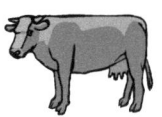

карова

ko

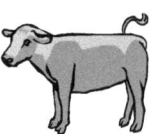

цяля

kalv

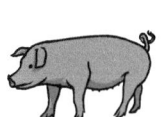

свіння

gris

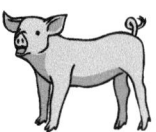

парася

griskulting

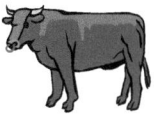

бык

tjur

гусак
gås

качка
anka

кураня
kyckling

курыца
höna

певень
tupp

пацук
råtta

кот
katt

мыш
mus

вол
oxe

сабака
hund

сабачая будка
hundkoja

садовы шланг
trädgårdsslang

палівачка
vattenkanna

каса
lie

плуг
plog

серп
skära

матыка
hacka

вілы для гною
högaffel

сякера
yxa

тачка
skottkärra

карыта
tråg

бітон для малака
mjölkflaska

мех
säck

плот
staket

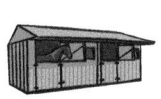

хлеў
stall

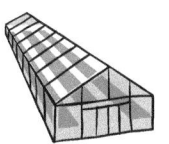

цяпліца
växthus

глеба
jord

насенне
säd

угнаенне
gödsel

камбайн
skördetröska

збіраць ураджай

skörda

ураджай

skörd

ямс

jams

пшаніца

vete

соя

soja

бульба

potatis

кукуруза

majs

рапс

raps

садовае дрэва

fruktträd

маніёк

maniok

збожжа

spannmål

дом
hus

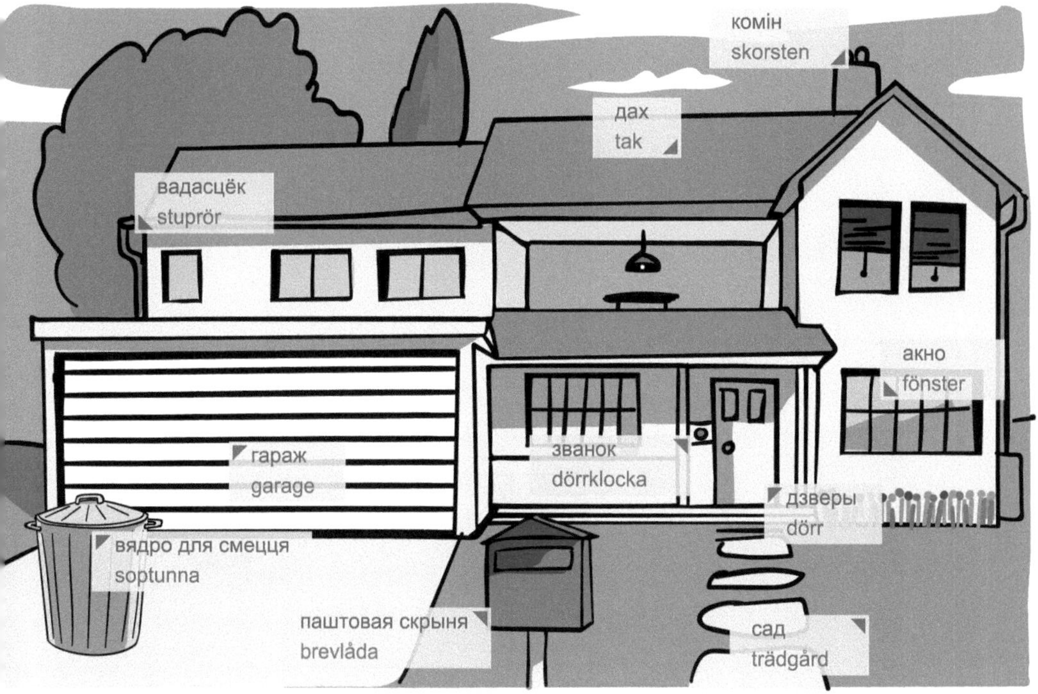
комін
skorsten
дах
tak
вадасцёк
stuprör
акно
fönster
гараж
garage
званок
dörrklocka
дзверы
dörr
вядро для смецця
soptunna
паштовая скрыня
brevlåda
сад
trädgård

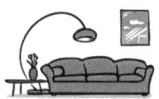

жылы пакой

vardagsrum

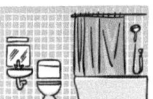

ванная

badrum

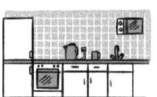

кухня

kök

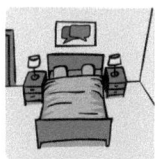

спальны пакой

sovrum

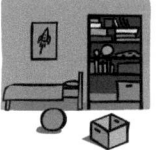

дзіцячы пакой

barnrum

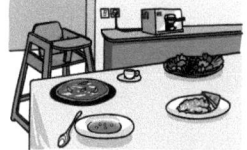

сталоўка

matsal

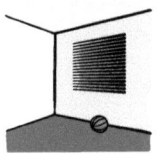

падлога
....
golv

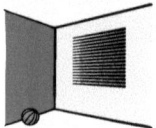

сцяна
....
vägg

столь
....
tak

падвал
....
källare

саўна
....
bastu

балкон
....
balkong

тэраса
....
terrass

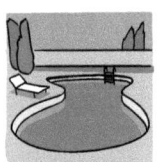

басейн
....
bassäng

касілка
....
gräsklippare

падкоўдранік
....
lakan

коўдра
....
överkast

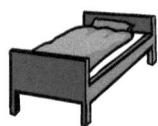

ложак
....
säng

венік
....
kvast

вядро
....
hink

выключальнік
....
strömbrytare

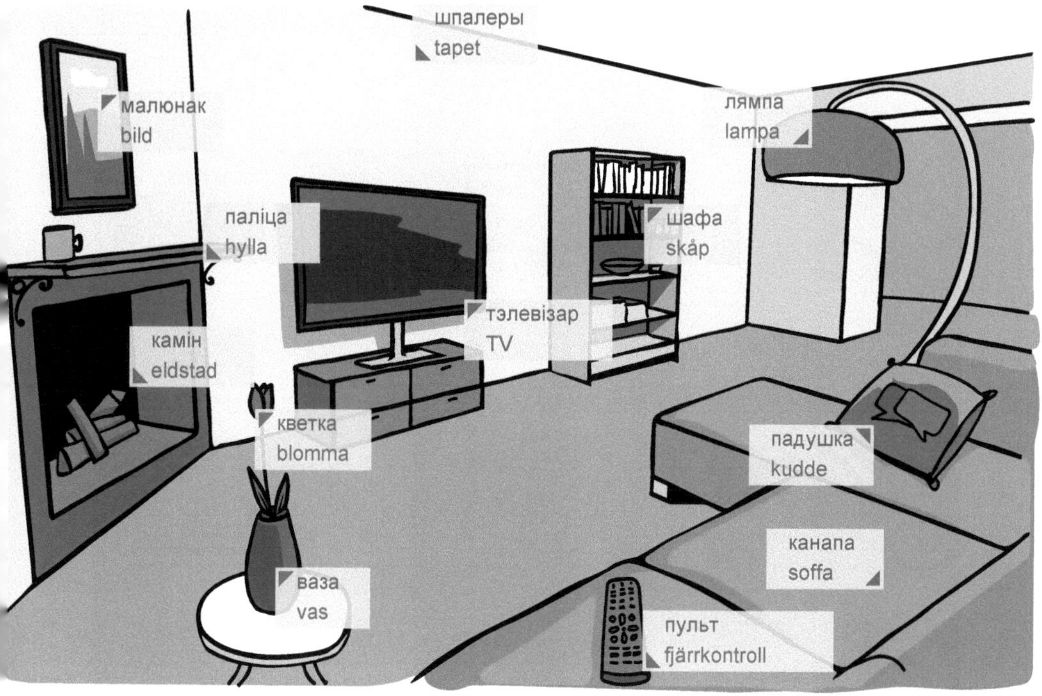

шпалеры
tapet

малюнак
bild

лямпа
lampa

паліца
hylla

шафа
skåp

камін
eldstad

тэлевізар
TV

кветка
blomma

падушка
kudde

канапа
soffa

ваза
vas

пульт
fjärrkontroll

дыван

matta

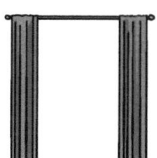

фіранка

gardin

стол

bord

крэсла

stol

крэсла-качалка

gungstol

крэсла

fåtölj

кніга

bok

коўдра

filt

дэкарацыя

dekoration

дровы

vedträ

кіно

film

стэрэасістэма

stereoanläggning

ключ

nyckel

газета

dagstidning

карціна

målning

постар

poster

радыё

radio

нататнік

anteckningsbok

пыласос

dammsugare

кактус

kaktus

свечка

stearinljus

кухня
kök

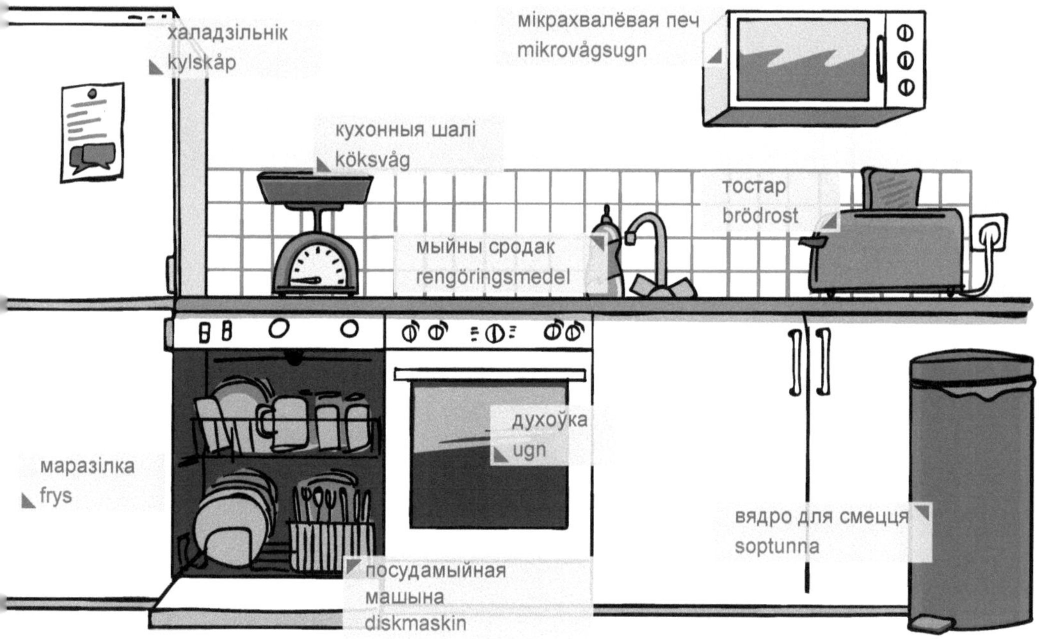

халадзільнік
kylskåp
мікрахвалёвая печ
mikrovågsugn
кухонныя шалі
köksvåg
тостар
brödrost
мыйны сродак
rengöringsmedel
духоўка
ugn
маразілка
frys
вядро для смецця
soptunna
посудамыйная машына
diskmaskin

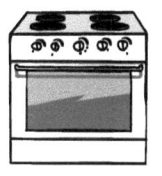

пліта
spis

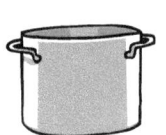

рондаль
kastrull

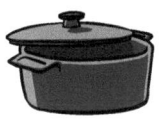

чыгунок
järngryta

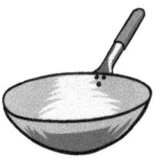

Вок / кадаі
wok / kadai

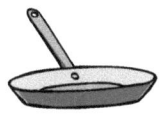

патэльня
stekpanna

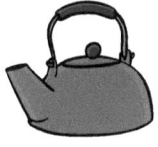

чайнік
vattenkokare

параварка

ångkokare

бляха

bakplåt

посуд

porslin

кубак

mugg

міска

skål

палачкі для ежы

ätpinnar

чарпак

soppslev

лапатачка

stekspade

збівалка

visp

сіта для варэння

durkslag

сіта

sil

тарка

rivjärn

ступка

mortel

грыль

grill

вогнішча

brasa

дошка

skärbräda

качалка

kavel

штопар

korkskruv

бляшанка

burk

адкрывалка

burköppnare

прыхваткі

grytlapp

ракавіна

vask

шчотка

borste

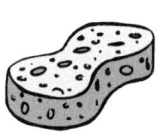

губка

svamp

міксер

mixer

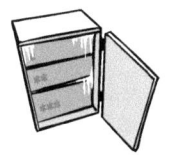

маразільная камера

frys

бутэлечка

nappflaska

вадаправодны кран

kran

ванная
badrum

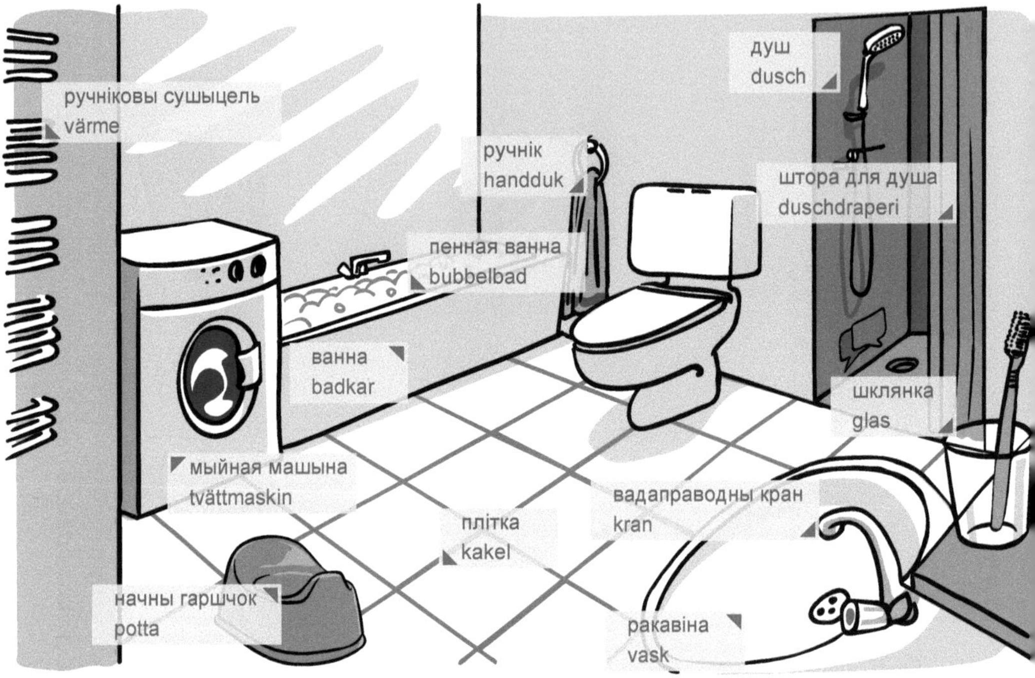

ручніковы сушыцель
värme
душ
dusch
ручнік
handduk
штора для душа
duschdraperi
пенная ванна
bubbelbad
ванна
badkar
шклянка
glas
мыйная машына
tvättmaskin
вадаправодны кран
kran
плітка
kakel
начны гаршчок
potta
ракавіна
vask

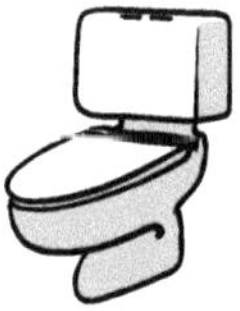

туалет

toalett

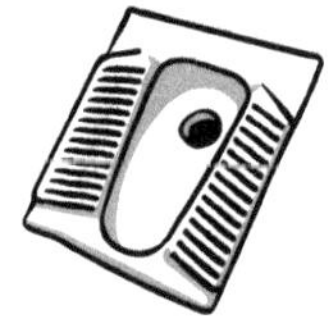

падлогавы ўнітаз

låg toalett

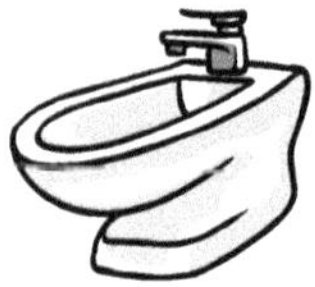

бідэ

bidet

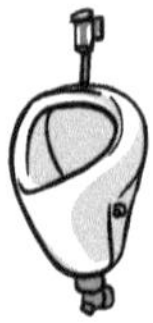

пісуар

pissoar

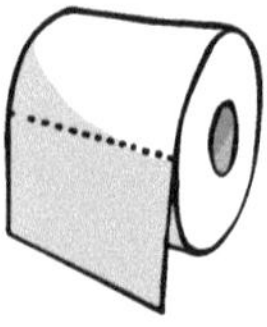

туалетная папера

toalettpapper

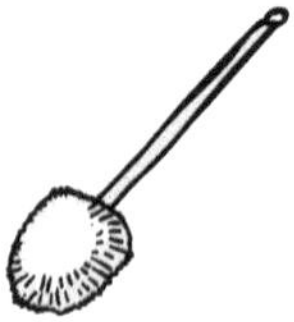

шчотка для чысткі ўнітаза

toalettborste

зубная шчотка

tandborste

зубная паста

tandkräm

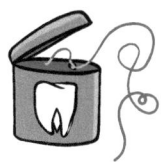

зубная нітка

tandtråd

мыць

tvätta

ручны душ

handdusch

інтымны душ

intimdusch

умывальнік

handfat

шчотка для спіны

ryggborste

мыла

tvål

гель для душа

duschgel

шампунь

schampo

вяхотка

trasa

вадасцёк

avlopp

крэм

crème

дэзадарант

deodorant

люстэрка

spegel

касметычнае люстэрка

handspegel

станок для галення

rakhyvel

пена для галення

raklödder

ласьён пасля галення

rakvatten

грэбень

kam

шчотка

borste

фен

hårtork

лак для валасоў

hårspray

касметыка

smink

памада

läppstift

лак для пазногцяў

nagellack

вата

bomullsvadd

манікюрныя нажніцы

nagelsax

духі

parfym

касметычка

necessär

табурэтка

pall

вагі

våg

лазневы халат

badrock

санітарныя пальчаткі

gummihandskar

тампон

tampong

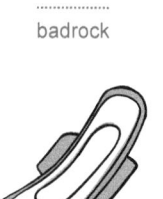

гігіенічныя пракладкі

binda

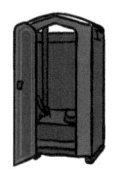

біятуалет

kemisk toalett

дзіцячы пакой

barnrum

будзільнік
väckarklocka
мяккая цацка
gosedjur
цацачная машынка
leksaksbil
бразготка
skallra
лялечны домік
dockhus
падарунак
present

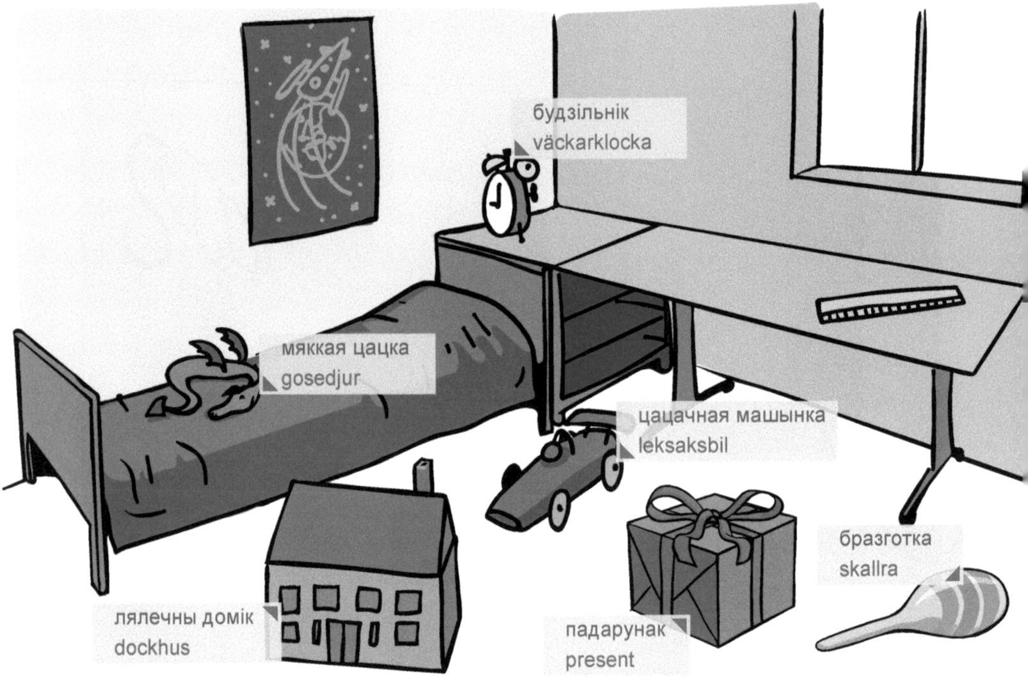

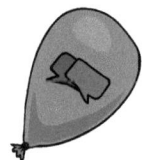

надзіманы шарык

ballong

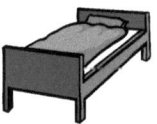

ложак

säng

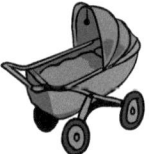

дзіцячая каляска

barnvagn

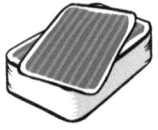

калода картаў

kortlek

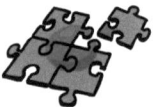

пазл

pussel

комікс

serietidning

канструктар "Лега"

legobitar

канструктар

klossar

экшэн-фігурка

actionfigur

дзіцячы гарнітур

sparkdräkt

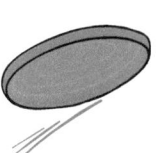

фрызбі

frisbee

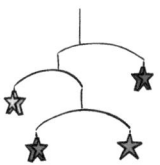

дзіцячы мабіль

mobil

настольная гульня

brädspel

кубік

tärning

дзіцячая чыгунка

modelljärnväg

пустышка

napp

дзіцячае свята

party

кніга з малюнкамі

bilderbok

мячык

boll

лялька

docka

гуляцца

spela

пясочніца

sandlåda

арэлі

gunga

цацкі

leksaker

гульнявая відэа прыстаўка

spelkonsol

трохколавы ровар

trehjuling

плюшавы мішка

nalle

шафа

garderob

адзенне

kläder

шкарпэткі

sockar

панчохі

strumpor

калготкі

tights

шалік
halsduk

парасон
paraply

цішотка
t-shirt

рамень
bälte

боты
stövlar

пантоплі
tofflor

красоўкі
sneakers

сандалі
sandaler

абутак
skor

гумовыя боты
gummistövlar

трусы
underbyxor

бюстгальтар
BH

майка
linne

адзенне - kläder

45

бодзі
body

штаны
byxor

джынсы
jeans

спадніца
kjol

блузка
blus

кашуля
skjorta

джэмпер
pullover

талстоўка
sweater

блэйзер
blazer

куртка
jacka

паліто
kappa

дажджавік
regnjacka

касцюм
dräkt

сукенка
klänning

вясельная сукенка
bröllopsklänning

касцюм

kostym

начная сарочка

nattlinne

піжама

pyjamas

сары

sari

хустка

slöja

цюрбан

turban

паранджа

burka

каптан

kaftan

Абая

abaya

купальнік

baddräkt

плаўкі

badbyxor

шорты

shorts

спартыўны касцюм

träningsoverall

фартух

förkläde

пальчаткі

handskar

гузік

knapp

акуляры

glasögon

бранзалет

armband

каралі

halsband

кальцо

ring

завушніца

örhänge

кепка

mössa

вешалка

galge

капялюш

hatt

гальштук

slips

маланка

dragkedja

шлем

hjälm

падцяжкі

hängslen

школьная форма

skoluniform

уніформа

uniform

нагруднік

haklapp

пустышка

napp

падгузнік

blöja

офіс
kontor

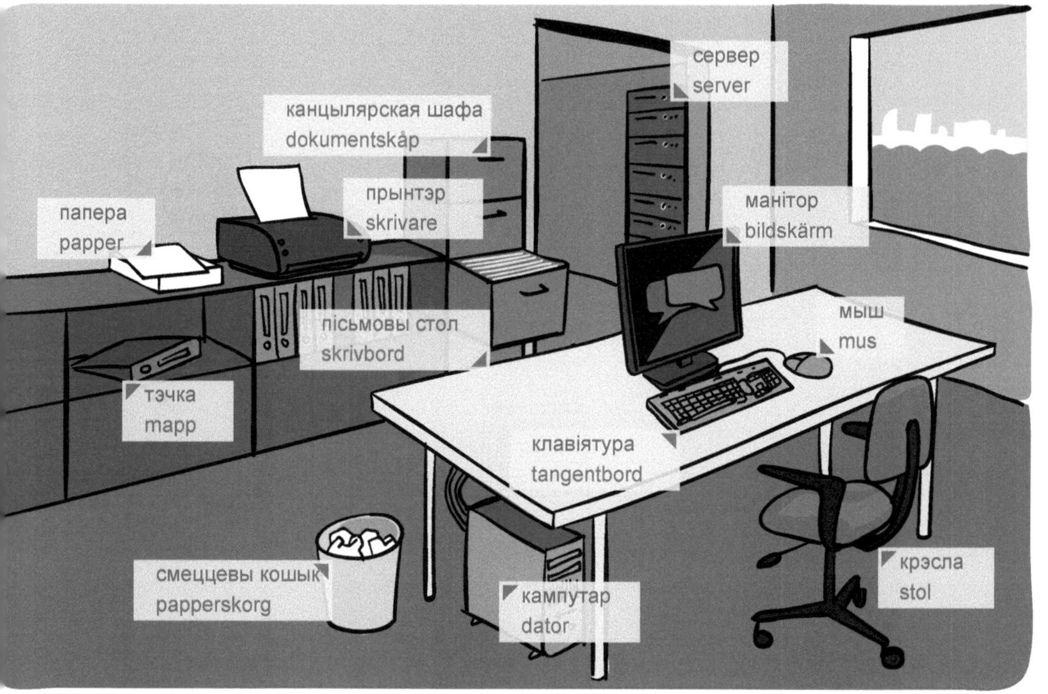

канцылярская шафа
dokumentskåp

сервер
server

прынтэр
skrivare

манітор
bildskärm

папера
papper

мыш
mus

пісьмовы стол
skrivbord

тэчка
mapp

клавіятура
tangentbord

смеццевы кошык
papperskorg

крэсла
stol

кампʼютар
dator

кубак для кавы (філіжанка)

kaffemugg

калькулятар

miniräknare

інтэрнэт

internet

ноўтбук

bärbar dator

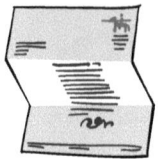

ліст

brev

паведамленне

meddelande

мабільны тэлефон

mobiltelefon

сетка

nätverk

ксеракс

kopieringsapparat

праграмнае забеспячэнне

programvara

тэлефон

telefon

разетка

vägguttag

факс

fax

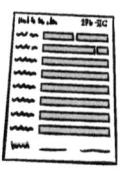

фармуляр

blankett

дакумент

dokument

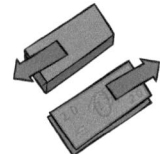

купляць
köpa

плаціць
betala

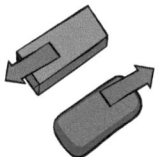

гандляваць
handla

грошы
pengar

 **USD**

долар
dollar

 **EUR**

еўра
euro

 **JPY**

ена
yen

 **RUB**

рубель
rubel

 **CHF**

франк
schweizisk franc

 **CNY**

кітайскі юань
renminbi yan

 **INR**

рупія
rupie

банкамат
bankomat

абменны пункт

växelkontor

золата

guld

срэбра

silver

нафта

olja

энергія

energi

цана

pris

кантракт

kontrakt

падатак

skatt

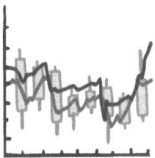

акцыя

aktie

працаваць

arbeta

служачы

anställd

працадаўца

arbetsgivare

фабрыка

fabrik

крама

affär

прафесіі

yrken

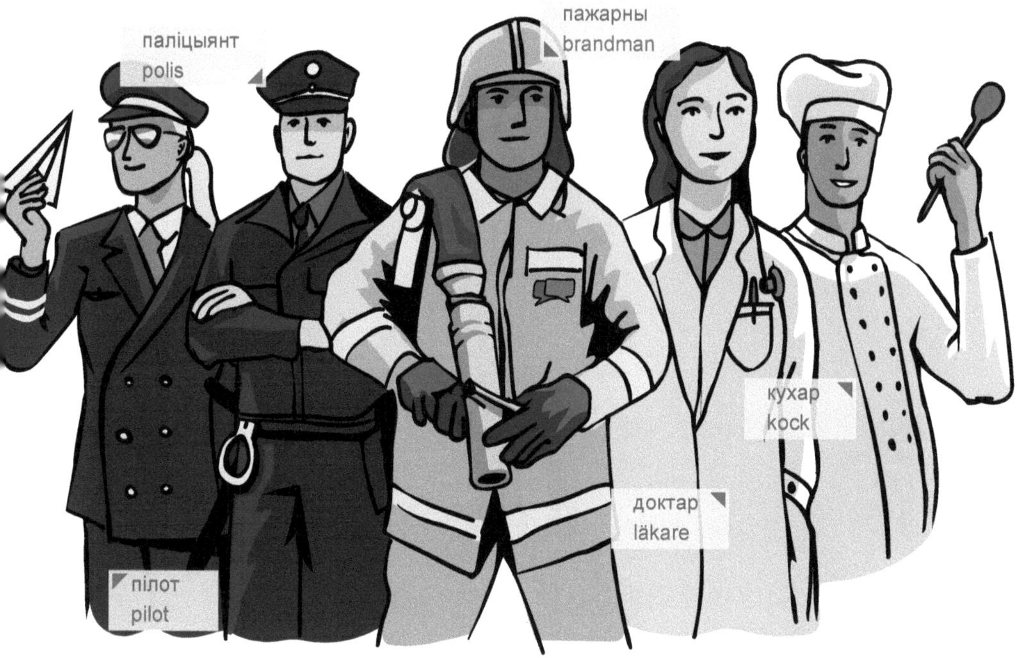

паліцыянт
polis
пажарны
brandman
кухар
kock
доктар
läkare
пілот
pilot

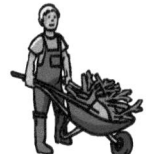

садоўнік

trädgårdsmästare

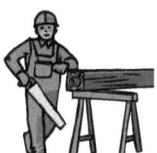

слесар

snickare

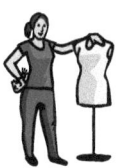

швачка

sömmerska

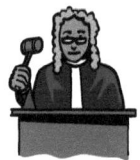

суддзя

domare

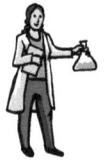

хімік

kemist

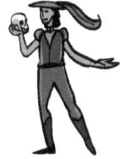

артыст

skådespelare

кіроўца аўтобуса

busschaufför

таксіст

taxichaufför

рыбак

fiskare

прыбіральшчыца

städerska

страхар

takläggare

афіцыянт

servitör

паляўнічы

jägare

мастак

målare

пекар

bagare

электрык

elektriker

будаўнік

byggarbetare

інжынер

ingenjör

мяснік

slaktare

сантэхнік

rörmokare

паштальён

brevbärare

салдат

soldat

архітэктар

arkitekt

касір

kassör

фларыст

florist

цырульнік

frisör

кандуктар

konduktör

механік

mekaniker

капітан

kapten

стаматолаг

tandläkare

вучоны

vetenskapsman

рабін

rabbin

імам

imam

манах

munk

святар

präst

інструменты
verktyg

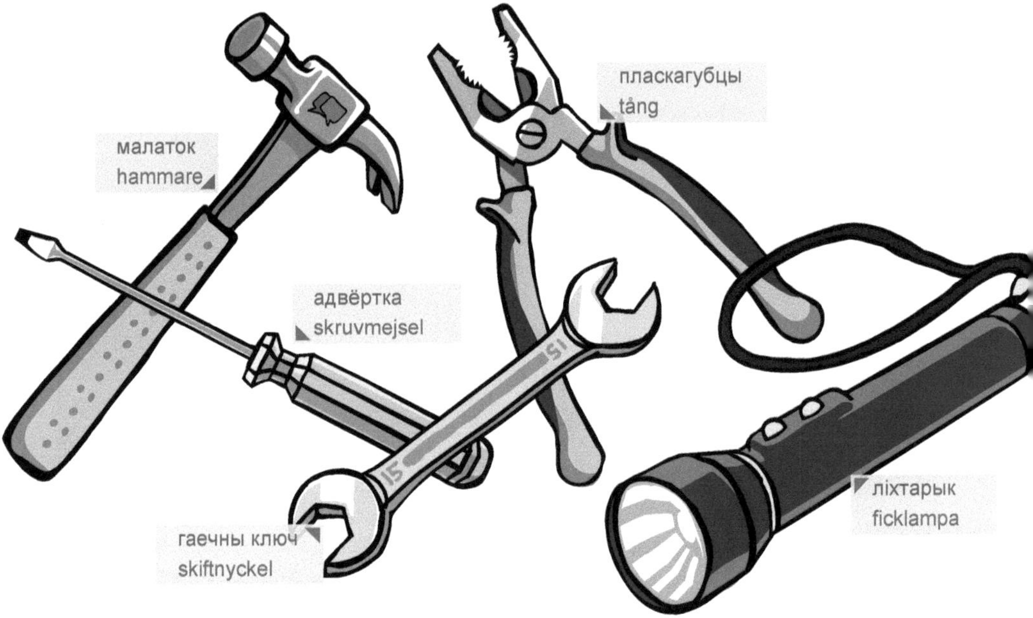

малаток
hammare
пласкагубцы
tång
адвёртка
skruvmejsel
ліхтарык
ficklampa
гаечны ключ
skiftnyckel

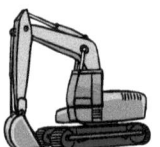

экскаватар

grävmaskin

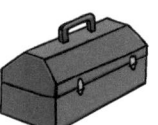

скрыня для інструментаў

verktygslåda

драбіны

stege

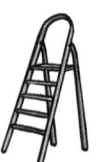

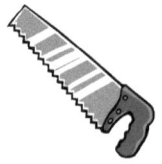

піла

såg

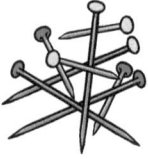

цвікі

spik

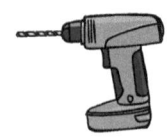

дрыль

borr

рамантаваць

reparera

рыдлеўка

spade

Халера!

Helvete!

шуфлік для смецця

sopskyffel

вядро з фарбаю

färgburk

балты

skruvar

музычныя інструменты
musikinstrument

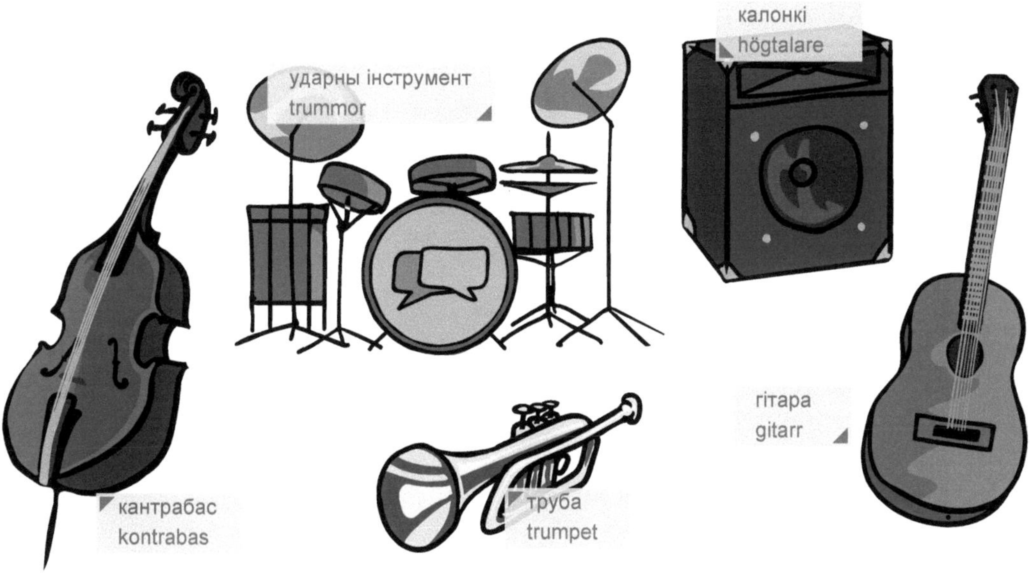

калонкі
högtalare

ударны інструмент
trummor

гітара
gitarr

кантрабас
kontrabas

труба
trumpet

піяніна

piano

скрыпка

violin

басгітара

bas

літаўры

timpani

барабан

trumma

клавішны электрамузычны
інструмент

keyboard

саксафон

saxofon

флейта

flöjt

мікрафон

mikrofon

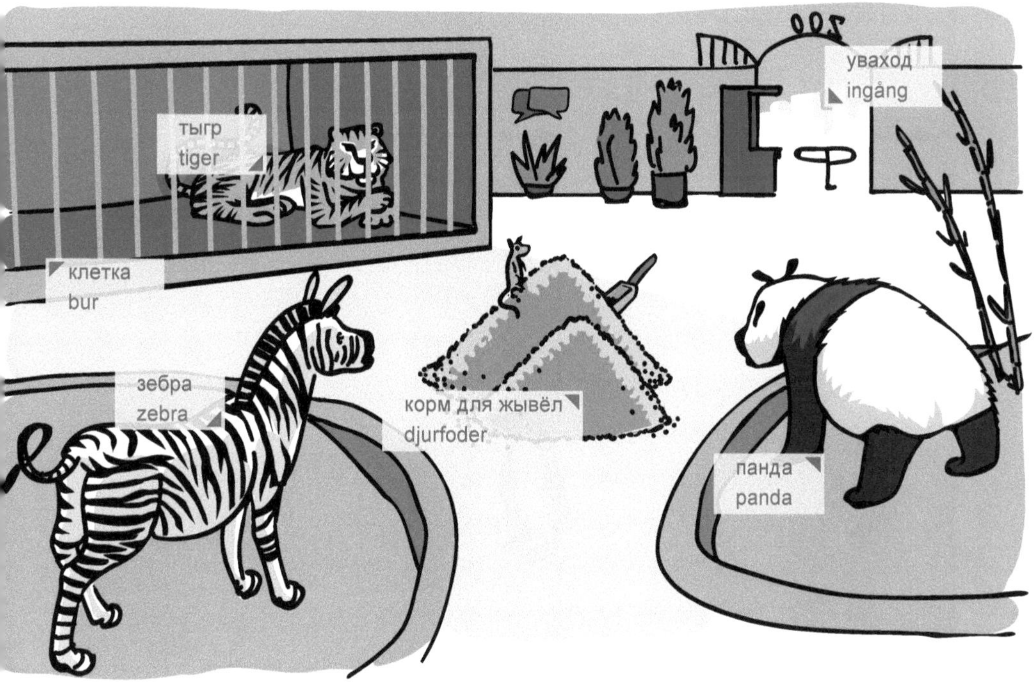

тыгр
tiger

уваход
ingång

клетка
bur

зебра
zebra

корм для жывёл
djurfoder

панда
panda

жывёлы
djur

слон
elefant

кенгуру
känguru

насарог
noshörning

гарыла
gorilla

мядзведзь
björn

вярблюд

kamel

стравус

struts

леў

lejon

малпа

apa

фламінга

flamingo

папугай

papegoja

белы мядзведзь

isbjörn

пінгвін

pingvin

акула

haj

паўлін

påfågel

змяя

orm

кракадзіл

krokodil

наглядчык заапарка

djurskötare

цюлень

säl

ягуар

jaguar

поні

ponny

леапард

leopard

бегемот

flodhäst

жыраф

giraff

арол

örn

дзік

vildsvin

рыбак

fisk

чарапаха

sköldpadda

морж

valross

ліса

räv

газель

gazell

амерыканскі футбол
amerikansk fotboll

веласпорт
cykling

тэніс
tennis

баскетбол
basket

плаванне
simning

бокс
boxning

хакей з шайбай
ishockey

футбол
fotboll

бадмінтон
badminton

лёгкая атлетыка
friidrott

гандбол
handboll

горныя лыжы
skidåkning

пола
polo

дзейнасць
aktiviteter

смяяцца
skratta
скакаць
hoppa
абдымаць
krama
ісці
gå
спяваць
sjunga
марыць
drömma
маліцца
be
цалаваць
kyssa

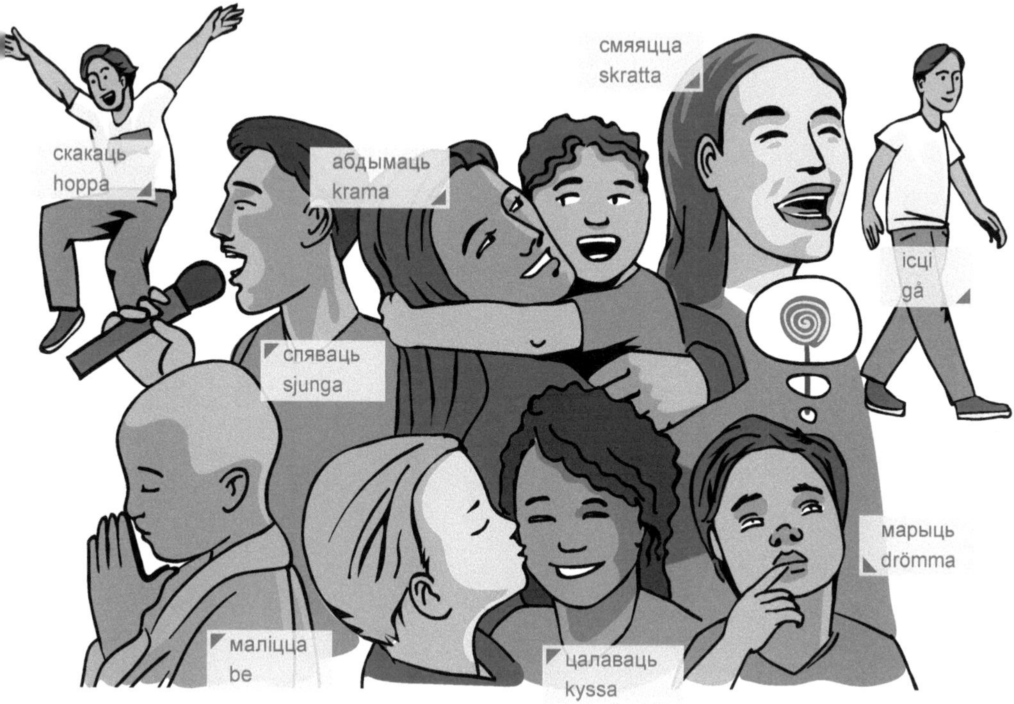

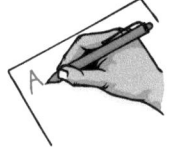

пісаць

skriva

маляваць

rita

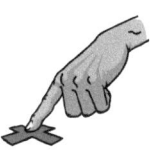

паказваць

visa

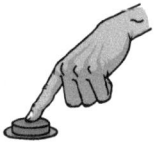

націснуць

skjuta

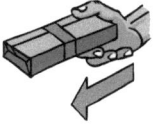

даваць

ge

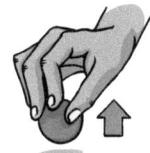

браць

ta

маць
....
hagel

выконваць
....
göra

быць
....
vara

стаяць
....
stå

бегчы
....
springa

цягнуць
....
dra

кідаць
....
kasta

падаць
....
falla

ляжаць
....
ligga

чакаць
....
vänta

насіць
....
bära

сядзець
....
sitta

апранацца
....
klä på

спаць
....
sova

прачынацца
....
vakna

глядзець

se på

плакаць

gråta

лашчыць

smeka

прычэсвацца

kamma

гаварыць

prata

разумець

förstå

пытаць

fråga

чуць

höra

піць

dricka

есці

äta

прыбіраць

städa

кахаць

älska

гатаваць

laga mat

ехаць

köra

лятаць

flyga

плаваць пад ветразем

segla

лічыць

räkna

чытаць

läsa

вучыць

lära sig

працаваць

arbeta

уступаць у шлюб

gifta sig

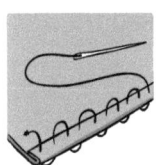

шыць

sy

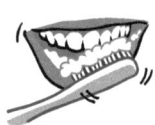

чысціць зубы

borsta tänderna

забіваць

döda

курыць

röka

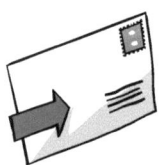

пасылаць

skicka

бабуля
mormor/farmor

дзядуля
morfar/farfar

бацька
pappa

маці
mamma

дзіця
baby

дачка
dotter

сын
son

госць

gäst

цётка

moster/faster

дзядзька

farbror/morbror

брат

bror

сястра

syster

цела
kropp

лоб
panna
вока
öga
плячо
skuldra
палец
finger
твар
ansikte
падбародак
haka
рука
hand
грудзі
bröst
нага
ben
рука
arm

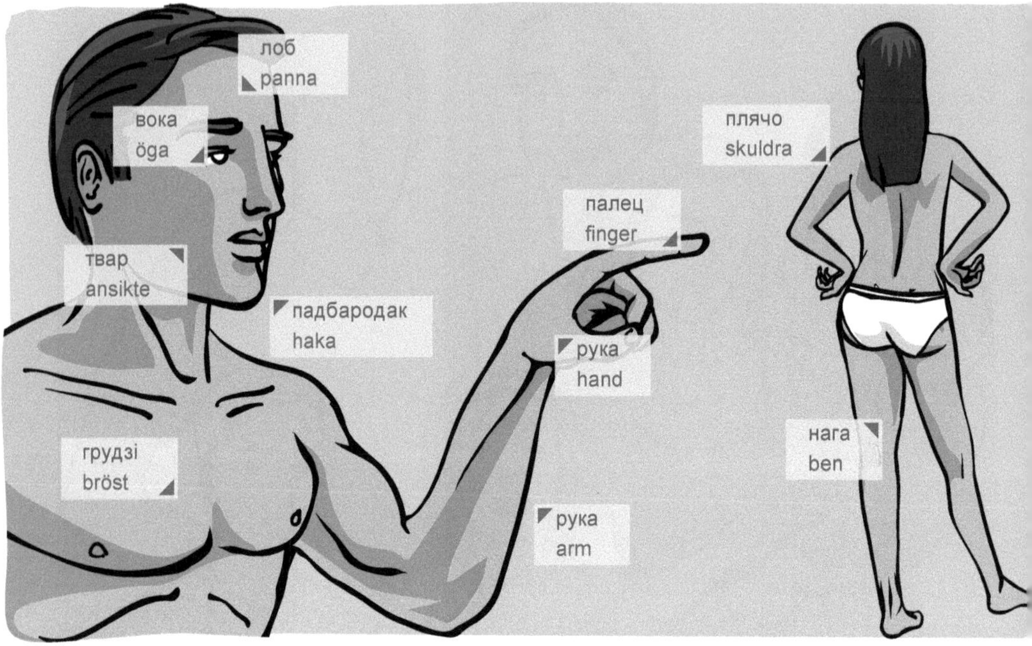

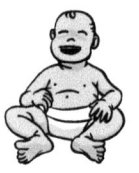

дзіця

baby

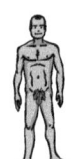

мужчына

man

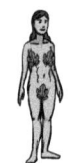

жанчына

kvinna

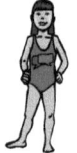

дзяўчынка

flicka

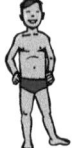

хлопчык

pojke

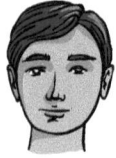

галава

huvud

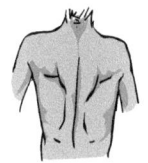

спіна

rygg

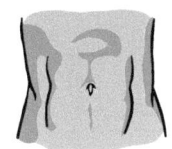

жывот

mage

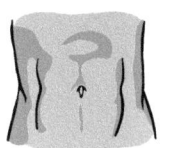

пуп

navel

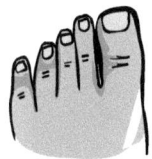

палец нагі

tå

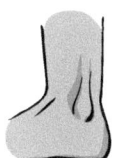

пятка

häl

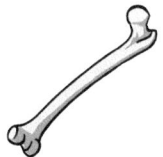

костка

ben

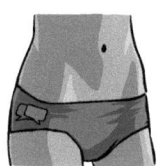

бядро

höft

калена

knä

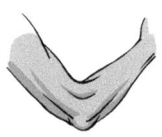

локаць

armbåge

нос

näsa

ягадзіца

stjärt

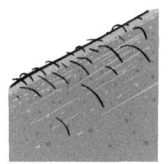

скура

hud

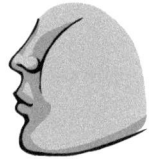

шчака

kind

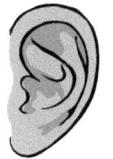

вуха

öra

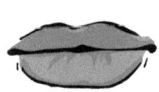

губа

läpp

рот

mun

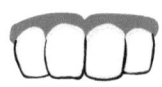

зуб

tand

язык

tunga

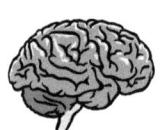

галаўны мозг

hjärna

сэрца

hjärta

мышца

muskel

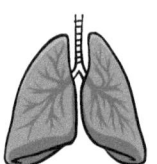

лёгкае

lunga

пячонка

lever

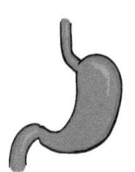

страўнік

magsäck

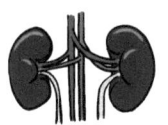

ныркі

njurar

сэкс

sex

прэзерватыў

kondom

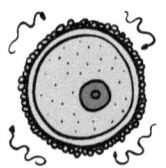

яйцаклетка

äggcell

сперма

sperma

цяжарнасць

graviditet

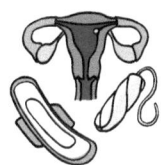

менструацыя

menstruation

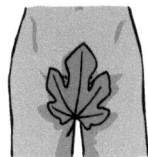

похва

vagina

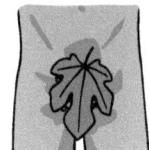

пеніс

penis

брыво

ögonbryn

валасы

hår

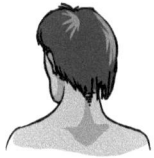

шыя

nacke

шпіталь

sjukhus

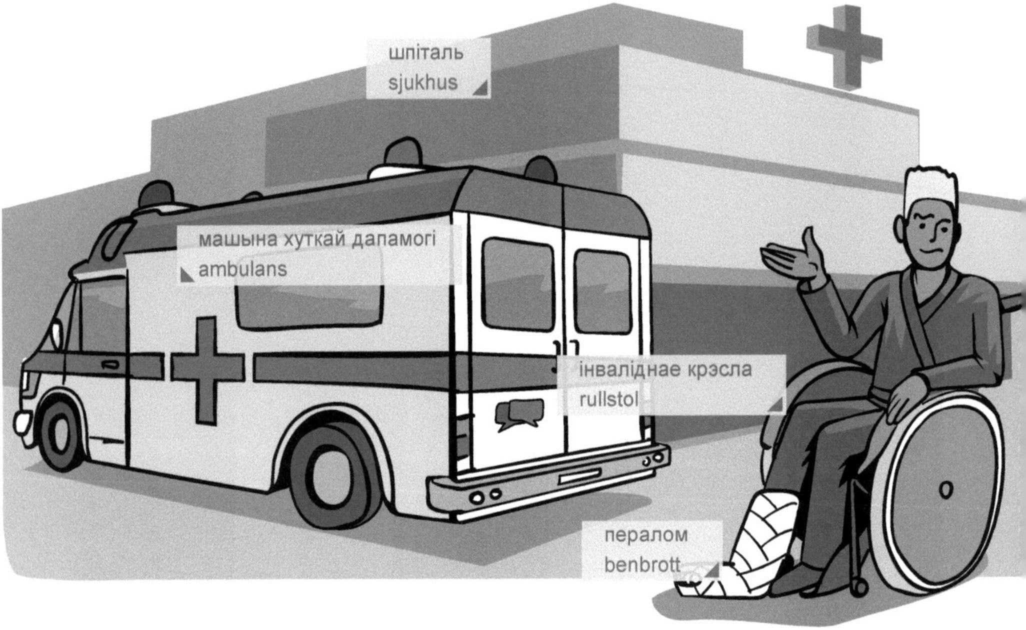

шпіталь
sjukhus
машына хуткай дапамогі
ambulans
інваліднае крэсла
rullstol
пералом
benbrott

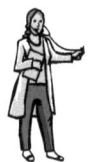

доктар

läkare

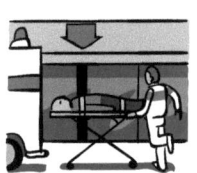

аддзяленне першай дапамогі

akutmottagning

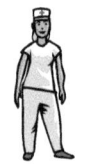

медсястра

sjuksköterska

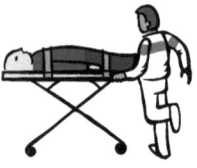

экстраная дапамога

nödsituation

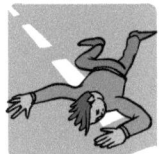

непрытомны

medvetslös

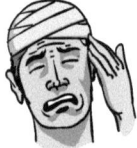

боль

smärta

траўма

skada

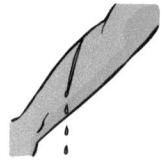

крывацёк

blödning

інфаркт

hjärtattack

апаплексія

slaganfall

алергія

allergi

кашаль

hosta

гарачка

feber

грып

influensa

панос

diarré

галаўны боль

huvudvärk

рак

cancer

дыябет

diabetes

хірург

kirurg

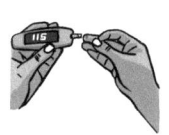

скальпель

skalpell

аперацыя

operation

КТ
CT

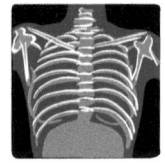

рэнтген
röntgen

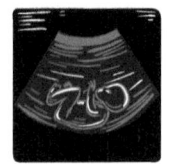

ультрагук
ultraljud

маска
ansiktsmask

хвароба
sjukdom

пачакальня
väntsal

мыліца
krycka

пластыр
plåster

бінт
bandage

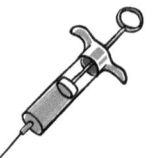

ін'екцыя
injektion

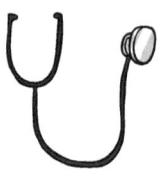

стэтаскоп
stetoskop

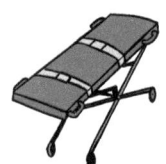

насілкі
bår

градуснік
termometer

нараджэнне
födsel

лішняя вага
övervikt

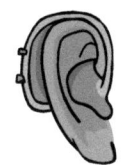

слухавы апарат

hörapparat

дэзінфекцыйны сродак

desinfektionsmedel

інфекцыя

infektion

вірус

virus

ВІЧ/СНІД

HIV / AIDS

лекі

medicin

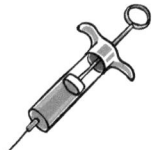

прышчэпка

vaccination

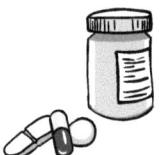

таблеткі

tabletter

супрацьзачаткавая таблетка

p-piller

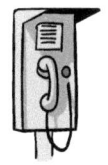

экстраны выклік

nödsamtal

танометр

blodtrycksmätare

хворы / здаровы

sjuk / frisk

Ратуйце!

Hjälp!

сігналізацыя

alarm

напад

överfall

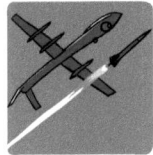

атака

misshandel

небяспека

fara

аварыйны выхад

nödutgång

Пажар!

Det brinner!

вогнетушыцель

brandsläckare

аварыя

olycka

аптэчка

förbandslåda

СОС

SOS

паліцыя

polis

Еўропа

Europa

Паўночная Амерыка

Nordamerika

Паўднёвая Амерыка

Sydamerika

Афрыка

Afrika

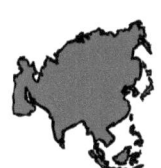

Азія

Asien

Аўстралія

Australien

Атлантычны акіян

Atlanten

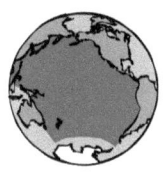

Ціхі акіян

Stilla Havet

Індыйскі акіян

Indiska Oceanen

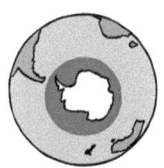

Паўднёвы ледавіты акіян

Antarktiska Oceanen

Паўночны ледавіты акіян

Arktiska Oceanen

Паўночны полюс

Nordpol

Паўднёвы полюс

Sydpol

Антарктыда

Antarktis

Зямля

Jorden

краіна

land

мора

hav

востраў

ö

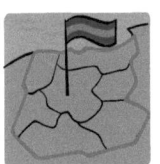

нацыя

nation

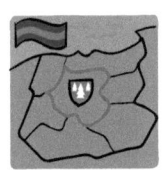

дзяржава

stat

цыферблат

urtavla

гадзінная стрэлка

timvisare

хвілінная стрэлка

minutvisare

секундная стрэлка

sekundvisare

Колькі часу?

Vad är klockan?

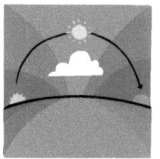

дзень

dag

час

tid

зараз

nu

электронны гадзіннік

digital klocka

хвіліна

minut

гадзіна

timme

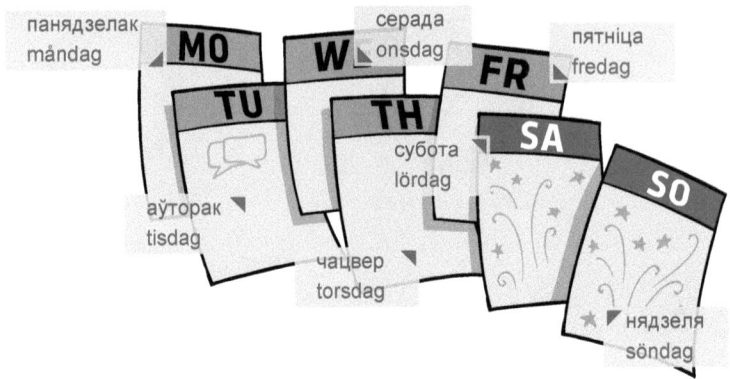

панядзелак — måndag
серада — onsdag
пятніца — fredag
аўторак — tisdag
субота — lördag
чацвер — torsdag
нядзеля — söndag

ўчора
igår

сёння
idag

заўтра
imorgon

раніца
morgon

абед
middag

вечар
kväll

MO	TU	WE	TH	FR	SA	SU
1	2	3	4	5	6	7
8	9	10	11	12	13	14
15	16	17	18	19	20	21
22	23	24	25	26	27	28
29	30	31	1	2	3	4

працоўныя дні
vardagar

MO	TU	WE	TH	FR	SA	SU
1	2	3	4	5	6	7
8	9	10	11	12	13	14
15	16	17	18	19	20	21
22	23	24	25	26	27	28
29	30	31	1	2	3	4

выхадныя
helg

год

år

дождж
regn
вясёлка
regnbåge
снег
snö
вецер
vind
вясна
vår
восень
höst
лета
sommar
зіма
vinter

4.APRIL 11°
5.APRIL 4°
6.APRIL 13°
7.APRIL 8°
8.APRIL 10°

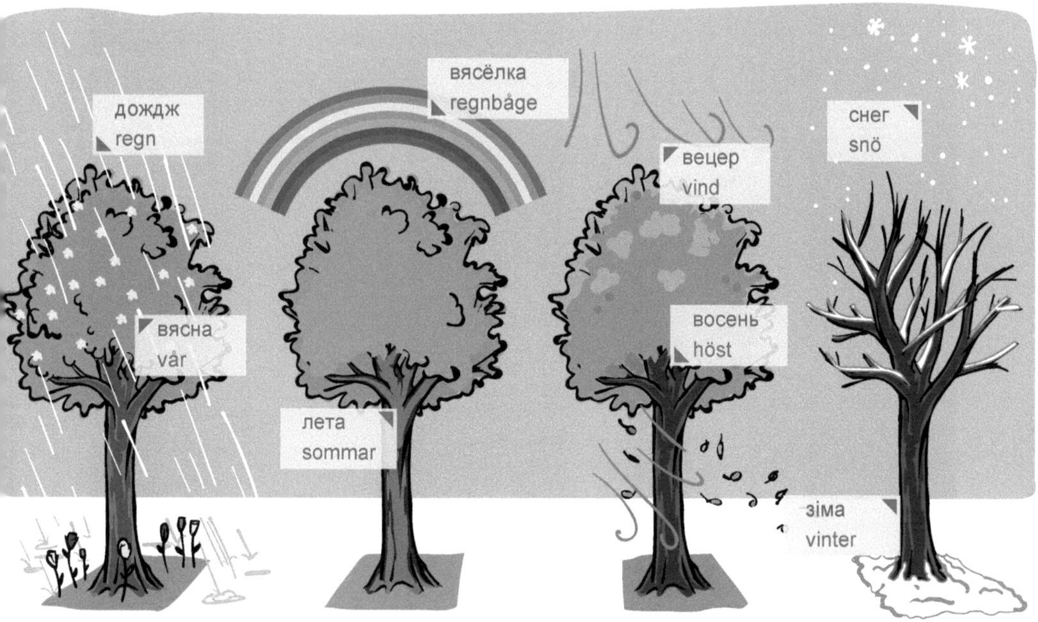

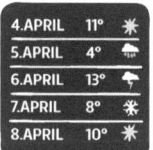

прагноз надвор'я

väderprognos

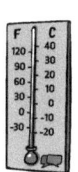

градуснік

termometer

сонечнае святло

solsken

воблака

moln

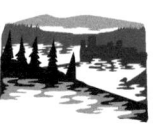

туман

dimma

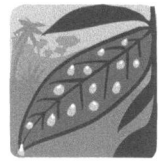

вільготнасць паветра

luftfuktighet

маланка

blixt

гром

åska

бура

storm

град

hagel

мусонны вецер

monsun

прыліў

översvämning

лёд

is

студзень

januari

люты

februari

сакавік

mars

красавік

april

май

maj

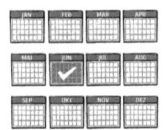

чэрвень

juni

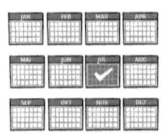

ліпень

juli

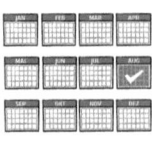

жнівень

augusti

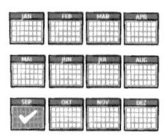

верасень

september

кастрычнік

oktober

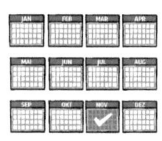

лістапад

november

снежань

december

формы

former

круг

cirkel

квадрат

kvadrat

прамавугольнік

rektangel

трохвугольнік

triangel

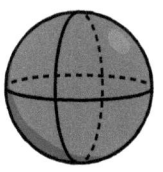

шар

sfär

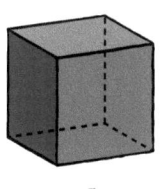

куб

kub

белы

vit

жоўты

gul

аранжавы

orange

ружовы

rosa

чырвоны

röd

фіялетавы

lila

сіні

blå

зялёны

grön

карычневы

brun

шэры

grå

чорны

svart

шмат / мала

mycket / lite

злы / добры

arg / lugn

прыгожы / брыдкі

vacker / ful

пачатак / канец

början / slut

высокі / малы

stor / liten

светлы / цёмны

ljus / mörk

сястра / брат

bror / syster

чысты / брудны

ren / smutsig

поўны / няпоўны

komplett / ofullständig

дзень / ноч

dag / natt

мёртвы / жывы

död / levande

шырокі / вузкі

bred / smal

ядомы / неядомы

ätlig / oätlig

злы / добры

ond / god

узбуджаны / нудны

upphetsad / uttråkad

тоўсты / тонкі

tjock / smal

першы / апошні

först / sist

сябар / вораг

vän / fiende

поўны / пусты

full / tom

цвёрды / мяккі

hård / mjuk

важкі / лёгкі

tung / lätt

голад / смага

hunger / törst

хворы / здаровы

sjuk / frisk

нелегальны / легальны

olaglig / laglig

разумны / дурны

intelligent / dum

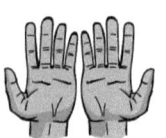

левы / правы

vänster / höger

побач / далёка

nära / långt bort

новы / былы ва ўжыванні

ny / begagnad

нічога / нешта

inget / något

стары / малады

gammal / ung

укл / выкл

på / av

адчынены / зачынены

öppen / stängd

ціхі / гучны

tyst / högljudd

багаты / бедны

rik / fattig

правільна / няправільна

rätt / fel

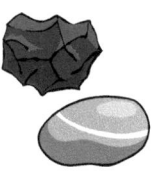

шурпаты / гладкі

grov / slät

сумны / шчаслівы

ledsen / glad

кароткі / доўгі

kort / lång

павольны / хуткі

långsam / snabb

вільготны / сухі

våt / torr

цёплы / халаднаваты

varm / sval

вайна / мір

krig / fred

0

нуль

noll

1

адзін

ett

2

два

två

3

тры

tre

4

чатыры

fyra

5

пяць

fem

6

шэсць

sex

7

сем

sju

8

восем

åtta

9

дзевяць

nio

10

дзесяць

tio

11

адзінаццаць

elva

12

дванаццаць

tolv

13

трынаццаць

tretton

14

чатырнаццаць

fjorton

15

пятнаццаць

femton

16

шаснаццаць

sexton

17

сямнаццаць

sjutton

18

васямнаццаць

arton

19

дзевятнаццаць

nitton

20

дваццаць

tjugo

100

сто

hundra

1.000

тысяча

tusen

1.000.000

мільён

miljon

англійская
engelska

англійская (Амерыка)
amerikansk engelska

кітайская мандарынская
kinesisk mandarin

хіндзі
hindi

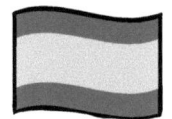

іспанская
spanska

французская
franska

арабская
arabiska

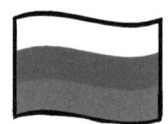

руская
ryska

партугальская
portugisiska

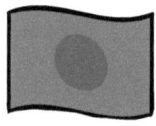

бенгальская
bengali

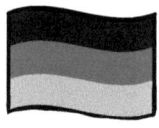

нямецкая
tyska

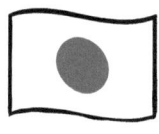

японская
japanska

я

jag

ты

du

ён / яна / яно

han / hon / den (det)

мы

vi

вы

ni

яны

de

хто?

vem?

што?

vad?

як?

hur?

дзе?

var?

калі?

när?

імя

namn

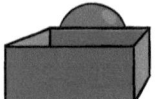

за
bakom

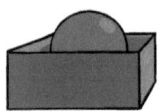

у
i

перад
framför

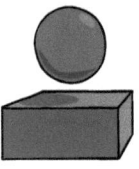

над
över

на
på

пад
under

каля
bredvid

паміж
mellan

месца
plats